D0927932

Pebble Bilingual Books

Las nubes/ Clouds

de/by
Gail Saunders-Smith

Traducción/Translation
Martín Luis Guzmán Ferrer, Ph.D.

Capstone Press
Mankato, Minnesota

Pebble Bilingual Books are published by Capstone Press
151 Good Counsel Drive, P.O. Box 669, Mankato, Minnesota 56002
http://www.capstone-press.com

Library of Congress Cataloging-in-Publication Data
Saunders-Smith, Gail.
  [Clouds. Spanish & English]
  Las nubes / de Gail Saunders-Smith; traducción, Martín Luis Guzmán Ferrer =
Clouds / by Gail Saunders-Smith; translation, Martín Luis Guzmán Ferrer.
  p. cm.—(Pebble Bilingual Books)
  Spanish and English.
  Includes index.
  Summary: Describes different kinds of clouds—cirrus, cumulus, stratus, and
nimbus—and the types of weather they indicate.
  ISBN 0-7368-2307-7 (hardcover)
  1. Clouds—Juvenile literature. [1. Clouds. 2. Spanish language materials—
Bilingual.] I. Title: Clouds. II. Guzmán Ferrer, Martín Luis. III. Title.
QC921.35.S2818 2004
551.57'6–dc21   2003004019

Editorial Credits
Martha E. H. Rustad, editor; Timothy Halldin, cover designer; Patrick Dentinger,
  interior designer and cover production designer; Michelle L. Norstad, photo
  researcher; Eida Del Risco, Spanish copy editor

Photo Credits
Brian A. Vikander, 12; Cheryl A. Ertelt, 1, 16; Cheryl R. Richter, 4, 14, 20;
  PictureSmith/Larry Mishkar, cover; Root Resources/John Kohnt, 6, 18; Root
  Resources/Louise K. Broman, 10; Unicorn Stock Photos/Jim Shippee, 8

Special thanks to Ken Barlow, chief meteorologist, KARE-TV, Minneapolis,
Minnesota, and member of the American Meteorological Society, for his help in
preparing the English content of this book.

Table of Contents

Contenido

Clouds form when warm air rises and cools. Clouds are made of very small water drops. The drops stick to dust in the air.

Las nubes se forman cuando el aire caliente se eleva y se enfría. Las nubes se forman de gotitas de agua. Las gotitas se pegan al polvo que está en el aire.

Clouds bring rain and snow.
Rain falls when the air is above
the freezing temperature. Snow
falls when the air is below the
freezing temperature.

Las nubes traen lluvia y nieve.
Llueve cuando la temperatura del
aire está por encima del punto
de congelación. Nieva cuando la
temperatura del aire está por
debajo del punto de congelación.

Clouds come in many shapes. Meteorologists study cloud shapes. A meteorologist is a person who studies the weather. The shapes of the clouds tell meteorologists what kind of weather is coming.

Las nubes tienes formas variadas. Los meteorólogos estudian las formas de las nubes. Un meteorólogo es una persona que estudia el clima. Las formas de las nubes indican al meteorólogo cómo va a ser el clima.

Cirrus clouds form high in the sky. They are very thin. People can see through cirrus clouds. Cirrus clouds mean that it will rain or snow within 24 hours.

Los cirros se forman en lo alto del cielo. Son nubes muy delicadas. La gente puede ver a través de los cirros. Los cirros indican que puede llover o nevar en 24 horas.

Cumulus clouds have flat bottoms and puffy tops. Small, white cumulus clouds mean good weather. Big, dark cumulus clouds bring thunder and heavy rain.

Los cúmulos son nubes planas por abajo e infladas por arriba. Cuando los cúmulos son pequeños y blancos indican que va a hacer buen clima. Cuando son grandes y negros, la lluvia será muy fuerte y con truenos.

14

Stratus clouds are gray and flat. They cover most of the sky. They form low in the sky. Light snow or drizzle sometimes falls from stratus clouds. Drizzle is a light rain.

Los estratos son nubes grises y planas. Cubren la mayor parte del cielo. Se forman en la parte baja del cielo. La nieve ligera y la llovizna a veces caen de estratos. La llovizna es una lluvia ligera.

Nimbostratus clouds are like stratus clouds. They are flat and cover most of the sky. But they are dark gray. They form higher in the sky. Nimbostratus clouds bring rain or snow.

Los nimboestratos son nubes como los estratos. Son planos y cubren casi todo el cielo. Pero son de un gris muy oscuro. Se forman en lo alto del cielo. Los nimboestratos traen lluvia o nieve.

Fog is a cloud, too. Fog happens when a cloud forms close to the ground. Fog goes away when the water drops dry up. Wind and heat can make fog dry up.

La niebla también es una nube que se forma cerca de la tierra. La niebla desaparece cuando se secan las gotitas de agua. El viento y el calor pueden dispersar la niebla.

Clouds carry rain and snow.
Wind pushes clouds across
the sky. Clouds carry water
to places all over the world.

Las nubes traen lluvia y nieve.
El viento empuja las nubes por
el cielo. Las nubes llevan agua
a todo el mundo.

Glossary

cirrus—thin clouds that form high in the sky

cumulus—clouds with flat bottoms and high, puffy tops

drizzle—a light rain

dust—tiny pieces of dirt that gather in the air

freezing—very cold; water freezes when it reaches 32 degrees Fahrenheit (0 degrees Celsius).

meteorologist—a person who studies the weather

nimbostratus—flat, dark gray clouds that cover most of the sky; nimbostratus clouds are like stratus clouds, but they form higher in the sky.

stratus—flat, gray clouds that cover most of the sky

temperature—the measure of how hot or cold something is

Glosario

cirro (el)—nube delicada que se forma en lo alto del cielo

cúmulo (el)—nube plana por abajo e inflada por arriba

llovizna (la)—lluvia ligera

polvo (el)—pedacito de tierra que flota en el aire

congelación (la)—muy frío; el agua se congela cuando alcanza 0 grados Celsius (32 grados Fahrenheit).

meteorólogo (el)—persona que estudia el clima

nimboestrato (el)—nube plana y negra que cubre la mayor parte del cielo; los nimboestratos son iguales a los estratos, pero se forman en lo alto del cielo.

estrato (el)—nube plana y gris que cubre la mayor parte del cielo

temperatura (la)—la medida de cuán caliente o fría está una cosa

Index

Índice